JN440215

그리하여 결핍이라 할까

박미현 시집

문학의전당 시인선
0322

그리하여 결핍이라 할까

박미현 시집

문학의전당

시인의 말

예전이나 지금이나 이후래도
한 번쯤은 지순하게 붉었을 그 어떤 순간
그 무렵에 당도할 것이니,

고통이라도 찾아 헤매자

상처라도 내자

2020년 5월
박미현

차례

시인의 말

제1부

저녁 13
소녀 14
습관적인 슬픔 16
비현실적인 18
미래에 관한 20
말하자면 22
낙엽 24
에게 25
병동 26
생각을 멀리하세요 28
무렵 30
사랑론 32
악마의 방 34
안녕 36

제2부

기적 39
우리들의 초상 40
문자라는 기호 42
영향 속으로 44
그런 시절이 있었다 46
엘리베이터 48
잠 못 드는 49
순간에 대한 50
풍경 52
밥 54
말 55
도하 56
나는 소망한다 58
자연의 뜻 60

제3부

나문재 63
반성문 64
그림자 65
지천명 66
끈 68
추석 69
저녁 6시 70
죽변항 72
쓸쓸함에 대하여 73
백수의 일기 74
슬픈 노래 76
견인 77
안녕하십니까 78
부활 80

제4부

꽃과 인공지능 83
시인 84
사람들은 모르지 86
생활의 전당 88
바닷가에서 90
수족관 속 오징어 91
전망 92
유서 94
명랑한 정부 96
몸 98
문 99
시인 노릇 100
김알렉산드라를 아시나요 102
상처 104

해설 | 영혼의 골방에서 쓰는 낭만주의자의 편지 105
우대식(시인)

제1부

저녁

오늘은 당신과만 있어요

나와 상관이 없이
우리들 속에 당신이 있을 거예요

당신은 분홍처럼 빛나고
나는 속절없이 무참하기도 하지만

습관은 안전하지요
어두워지는 저녁처럼 안도가 돼요

하루의 종말
저녁은 묵상 같은 거

완전한 기분에 젖는
당신, 그때

소녀

가랑이를 쫙 벌리고 앉은 소녀는 아름답다

벌리고 앉아 보란 듯이 책장을 넘기는 동작은 아름답다

반은 여자
반은 아이

벌린 가랑이 속으로 바람도 향기도 시간도 당신도 흘러갈 텐데

벌린다는 건 배우지 않은 당당함
길들지 않은
그 어떤 빌미도 아닌
거부할 수 있는

그대로의 자연
그대로의 신비
그대로의 순수

그대로의 사람

벌린다는 건 그 어떤 용의
시대착오를 지나
열린 세계라는 것
정신이라는 것

습관적인 슬픔

안도하고 감사하다지
평범은 슬퍼하며
평범의 날들을 사랑한다지

평범의 시간은 속되다
다 바친다

평범은 평범하게
날마다 무슨 일들이 일어난다지
일어날 조짐을 동반한다지

평범은 과거로부터 태초로부터 왔다
영원히 온다

아무렇지 않은 평범
아무렇지 않지 않은 평범

일상을 감지하고

절망적인 습관을 스캔하고
원천적으로 봉쇄하려는 경향이 있다지
경향을 무색하게 한다지

말하자면 평범이란 모든 것

안녕 씨유어겐

비현실적인

고기 굽는 연기 자욱한 식당에 한 아버지가 있어
방바닥에 붙은 것처럼

음식이 진열되어 있는 밥상 앞에서
밥을 먹고 있어 밥이 떨고 있어

나는 내 아버지를 생각해
붉은 고기를 씹고 있어
푸른 채소를 먹고 있어

한 아버지가 요양원으로 갔어
독방거처가 되었어 사라졌어

한 아버지가 또 한 아버지가 또 한 아버지가 살아있어
현실은 비현실적이야

아버지는 탁구공이야
까마귀야

물수건이야

나는 비현실적인 내 아버지를 생각해

한 아버지와 또 한 아버지와
무수한 아버지를 생각해
현실적인 일가(一家)를 생각해

붉은 고기가 졸아들고 있어 타고 있어
딱딱하게 굳어가고 있어

미래에 관한

익숙하다고는 하지만
익숙하지만은 않은 우리들이랍니다

어제의 얼굴과 오늘의 얼굴들
세월이 만든 각기 다른 오늘의 모습

맞은편과 옆에 앉은 사람에게
샐러드와 과일을 먹기 좋은 자리로 옮겨놓고 집어 주었답니다
길들여진 여자로 보이지 않을까 걱정이 되기도 했습니다

이제 또 헤어지면
우리는 제각각 자기 길을 갈 것이지만
우리가 원했던 건 무엇이었습니까

누군가는 여전히 주도권을 잡고 싶어 했고
그는 절박해 보였습니다
그가 아팠지만

과거는 돌아갈 수 있는 게 아니랍니다

소문으로만 듣던 얼굴들
우리들 각자 앞에서
옛날의 희망과 오늘의 희망이 오버랩됩니다

실은 얼굴들의 안부보다 과거보다
우리들의 미래가 궁금했습니다
만찬에서 그걸 느끼고 싶었습니다

말하자면

뒤뚱뒤뚱 걸음마 단계를 거치고 한눈팔다가 엄마를 놓치고 태어나면서부터 계집애라고 차별받았지

단짝 친구는 서울로 전학을 가고 선생님한테 반기를 들었다가 귀싸대기 맞고 도둑으로 의심받다가 억울한 누명을 벗었던 교실

능글능글하고 멀대처럼 키가 컸던 초등학교 6학년 담임은 이따금씩 나를 불러서 자기 집 연탄을 갈고 오라고 하고 이상해 이건, 하면서도 거절할 생각조차 못했어

동업자를 잃고 돈도 잃고 비자금 빌려준 친구는 연락이 안 되고 세상 물정은 속도위반이라고 한 단계 한 단계 발전을 거듭하고 싶었지만 부도를 맞고 증거는 불충분하고 폐업을 할 수도 없고

산다는 게 그 누구도 근접할 수 없는 엄연한 객체 아니겠어 사느냐 죽느냐 선택 아니겠어 말하자면 개인 사업자

몸이 아파서 우울한 사람은 아프지 않아도 우울한 사람
우울이 없는 사람은 슬픈 사람

정신과 일상이 분리가 되면 세상이 살 만해질까
정신을 바꿀까
정신이 바뀔까

낙엽

중심에서 멀어진
난청 난시의 얼굴들 거기 있었지

나는 최대한 슬퍼하는 자
불화하는 이방인

한 잎 두 잎 떨어져 쌓이는 저 잎무덤
고색이 창연하더군

이 세상 다녀가는 자의 마지막 임종처럼
뼈도 염치도 싸움도 결의도 없더군
한세상, 어차피더군

에게

베네치아 할아버지에게, 피렌체로 가는 기차에서 짐을 번쩍 들어서 선반에 올려주던 한국 청년에게, 리알토에서 헤매고 다니던 미로 같던 골목들에게, 런던의 비에게 그래서 따뜻한 햇빛에게, 아름다운 바다와 건축들에게, 이방인들과 그곳 사람들에게, 고난과 재난 역경을 극복하고 끊임없이 도전하고 기도하고 생명을 잉태하는 역사들에게, 금빛 노을에게 그리고 나의 가족 나의 친구들에게 그리고 삶에게 나에게, 나의 생각이 미치지 않는 그 무엇들에게, 스치는 풍경에게 이 순간에게, 따뜻한 식사에게 발들에게 하얀 침대에게 가방에게 마을의 불빛들에게, 숨죽인 불안에게 생각에게 눈에게, 돌덩어리를 보면 영혼을 본다던 미켈란젤로에게,

병동

오빠 같기도 삼촌 같기도 착각 같기도 한 그가
이년아 그랬어요

탁자를 사이에 두고 마주앉은 사람들이
모음처럼 자음처럼 웃었어요
심지어 입을 막고 웃었어요

잔을 들고 위하여를 외치고
괜찮은 사람이 괜찮게 웃었어요

택시가 지나갔어요
나를 데려다 주실래요
택시가 또 지나갔어요

씨발놈이 지나갔어요
낄낄낄이 지나갔어요
십자가가 지나갔어요

벌레 같은 불빛들이
짐승 같은 건물들이
전체적으로 지나갔어요

생각을 멀리하세요

내가 깨어났군요
오늘입니다

주의하세요
바글바글 끓는 모양입니다

신호등 앞이군요
약국에서 몇 알의 약을 삽니다

약을 먹기 전에 밥을 먹고
밥을 먹기 전에 무엇을 먹을까

냉장고를 뒤지고
식구들이 도착하고

뉴스에서 사건사고가 터지는군요
슬퍼요를 누를까 화나요를 누를까

이 안엔 산소가 가득
창문 너머는 벼랑 끝입니다

생각을 멀리하세요
이 별의 일입니다

무렵

붉어질 대로 붉어진 석양이
한 곳을 집중 조명하고 있다

고통이 없는데도 고통에 시달리고
오늘도 무사히가 간신하다

지나온 날들도 내 남은 생애도
오늘처럼 들이치고 물러갈 것이니

삶과 죽음이 나의 계획이 아니고
영역이 아니고
목적이 죽음이 아니니

슬픔에도 행복은 겹쳐 있고
살아있단 건 나에게 주어진 진실이니

방황하는 만큼 수고일 테고
깊어갈수록 수난일 테지만

어떤 명분이 되지는 못하더라도

그 예전이나 지금이나 이후래도
한 번쯤은 지순하게 붉었을 그 어떤 순간
그 무렵에 당도할 것이니

고통이라도 찾아 헤매자
상처라도 내자

사랑론

사랑이란
인생의 심화학습
고찰일까
미션일까

사랑을 설파하고 설득하는 자여
그렇게 간단할까
속아주면서 만족할까
멋들어지게 포장해서 바겐세일을 할까

미움도 사랑이라고
상습적으로 관계를 유지할까
환멸을 지속할까
안심할까
희망이라 할까
숨 막혀
사랑도 스펙
인간은 구제불능

극단적일까

이상과 현실 사이의 괴리
그리하여 결핍이라 할까
미워도 다시 한 번
아름다운 죄라
영원이라 할까

악마의 방

나의 사랑스러운 악마의 방에 내가 있구나

배시시 웃고 있는
우두커니 먼 산 보듯 하는
낯설고 익숙한
내 안에 내 안의 엄마들 여자들 살고 있구나

웃을 수도 울 수도 없는 저것
버릴 수도 끌어안을 수도 없는 저것

말하기 위해 떠나온 사람처럼
말더듬이처럼 사, 랑, 해,

처음 세상에 와서
세상, 마지막 문 닫고 가는 그날까지
안녕! 안녕!

그리고 사랑해 사랑해, 그리고 미안해

나의 귀여운 악마야
다만,

안녕

수없이 우리를 헤어지게 한답니다

하지만 진실은 버리면 안 되는 거잖아요

왜 이렇게 하루하루가 짧을까요

관건은 상생이니까

세상 쪽으로 기울어 가요

관계가 우리를 긍정하겠지요

상처가 없다면 세상에 초록도 없겠지요

우리 또 만나요 열정적으로

상처와 더불어 안녕

제2부

기적

변하고 싶어요
내가 아닌 다른 방향으로

우리를 설득하지 않는 거
기만하지 않는 거

우리는 방금 헤어졌지요

변화가 올까요
이전과 다른 방식으로

그런 기적이 일어날까요

우리들의 초상

y는 c보다 두 배쯤 되는 엉덩이를 사각 의자에 밀어 넣었다
푸르스름한 파스텔톤 의자 천이 미어질 것만 같았다
a와 기타는 상습적인 규칙 위반자
기타로 말할 것 같으면,
인사성 내지 동료애를 상실한 불구(不具)였다
p는 숱이 없는 t의 머리통을 보고 있었다
아무리 부풀려도 소갈머리 없는 t는 전체적으로 골 빈 상사
p한텐 그랬다
사는 게 찌질이지만
견딜 수 없는 시기도 숙달이 되었다
이것도 능력이라면 능력이었다
무늬만 팀장 y는 교양을 갖추려고 몹시 애썼더랬는데
p가 의견을 피력하자 표변하며 본색을 드러냈다
y와 t는 p와 상관없이 자신들의 작전에 만족하는 걸로 보였다
숙달된다는 건 피차 안전했다
대체로 전후좌우가 빗나갔지만
기억상실증보다 기억피로증, 회피증일 수도 있었다

다 자기 편이었다
죽을 맛이었고 아이러니였고
여기는 진흙밭이고 p의 생활전선이었다
비정규가 되니까 비정규 세상이 실감 나고
내가 상대를 존중한다고 상대도 나를 존중하는 게 아녔다
아무튼 제정신으로 살면 안 되는 거였다
사연과 상처를 지닌 존재들이여 찌질한 날들이여!

문자라는 기호

존경해 마지않는
존재하는 모오든 그것의 자화상

누구보다 먼저 발견하고 싶었던 신대륙

내 속을 꿰뚫는 허무
그 밖의 의외의
지속적인 속성

막심고리키 알베르카뮈 이성복 황지우 이상 김수영 버지니아울프 전혜린 나혜석 기형도 김남주……
이들에게서 전염되는
신경질 나른함 노여움 비통 일렁거림 갈등 자폐 페르소나그림자 착란 불안 혼돈, 다시 슬픔

존재의 다사다난
어디서부터 어디까지가 인간적인가

나는 또 궁지에 몰리고 자꾸 허둥대고
눈은 침침하고
점점 작아지는 어깨를 움츠린다

영향 속으로

나의 출생은 가난했고 영향을 받았으며 국민학교를 졸업하고 공장을 전전했다 미싱사가 되고 싶었지만 되지 못했다 출근하는 만원 버스에서 대통령이 피살되었다는 소식을 들었고 그리고 최루탄 가스의 연속이었다

내 인생은 왜 이런가
내 조국은 필 날이 없었다

알 만한 사람이란 건 희망사항이란 걸 인정해야 했고 연애는 통속적이고 헛것으로 끝나야 했다 민주주의와 사회정의, 관계는 단골 화두였고 우리는 자신의 목소리에 집중했다

아이의 돌 반지를 죄다 내다가 팔았고 좋아한다는 말 대신 술을 마셨다 펀치를 날리기도 했다 아무튼 믿지 못했다

세월은 잘도 갔다
정권이 몇 번 바뀌었던가

시민들은 광장에서 운동권이 되었고 촛불이 일단 승리했고 일사불란하게 삶의 현장으로 복귀했다 돌아가도 됐을까 성조기가 깃발이 되다니…… 멀쩡하게 지나가던 차들끼리 부딪혔다

알고 보니 모르겠는 어떤 인연
전당포에나 맡기고 싶었던 정신 같은 거
우리는 잊을 만하면 여행을 떠나고 싶어 했다

그런 시절이 있었다

책과 담배만 있으면 세상이 지루하지 않을 거라고
문 밖은 없어도 된다고

사상이 울퉁불퉁한 남자를 만나면
내가 먼저 사랑할 거라고

한계령에서 길을 잃어버리고 싶다고

세 번 이상 잘해준 사람
드라마에나 나올 법한 얘기
그러나 드라마보다 더 드라마틱한 현실이라는 공포물

믿어 의심치 않았던 나 혹은 너

사방 벽이 책 냄새로 눅눅한
쓰다 만 원고 나부랭이

구질구질이 낭만적이었는데

운명 같은 거
남아도는 시간은 없을 줄 알았는데
외롭다는 말처럼 그럴듯하게 외로움일 줄 알았는데

그런 시절로 돌아갈 의향은 없는가

엘리베이터

Y는 엘리베이터 안에 있지
X는 밖에 있지

엘리베이터는 이동하지 서지
스르르 문을 닫고 열기도 하지
지상과 지하를 넘나들지

X의 하얀 와이셔츠 속에서
Y야! 부르는 소리를 들었지

문은 완강하지
공중에 있던 Y가 바닥으로 하강하지

엘리베이터는 옴짝달싹 하지
감전되지 스무스 하지
공중부양 하지

잠 못 드는

빛 그림들이 묵언수행 중입니다
그러겠습니까

빛에 겉과 속이 있겠습니까
애당초 빛이란 게 알파와 오메가입니까

진짜 시인 아까운 사람
허수경이 세상을 떠났다고 합니다

빛 그림자의 각도는 십자가를 닮았습니다

하여
세상 일로 하룻밤 잠 못 드는 게
무슨 대수겠습니까

순간에 대한

사진을 찍어보면 알게 된다

추하다고
천박하다고 피했던 거

높다고 멀다고
안 보인다고 안 잡힌다고
돌아섰던 거

김치 하고 웃어도 슬픔은 폭로되고
줌으로 당겨도
안 되는 건 안 된다는 거

광장이 버젓이 나타나서
순간은 포착이고 포착은 물증이고
알리바이를 적발하고

사진을 보면 알게 된다

망자는 웃고
망자 앞에 선 당신은 촘촘히 색출할 수 없으되
한날 사라질 거라는 거

노동자는 시인이 되고
혁명가는 늙어 혼자가 되고
나는 눈뜨고 보지 않기로

풍경

초록색 커튼이 바람에 떠는 것을 응시하고 있었다
여자는 마치 그것밖에 할 일이 없는 사람처럼 보였다

아이처럼 눈물을 훔치던
남자의 머리카락은 가늘고 부드러웠다

어린 시절이 행복했노라고
고향에서 농사나 짓고 살 걸 그랬다고
돌아가신 어머니가 보고 싶다고도 했다

갈라진 커튼 사이로 조각 빛이 새어들었고
새소리는 지나치게 맑고 또렷했다

놀란 듯 남자가 몸을 떨었고
여자가 흔들렸다
그들은 어린 짐승 같았다

풍경 속의 여자는 풍경 같았고

풍경 속의 남자는 풍경 속의 풍경 같았다

풍경, 하고 누르면
자판기처럼 풍경이 계속 나타날 것만 같았다

밥

수능을 앞둔 자식에게

되는 일이 없다며
무턱대고 짜증내는 남편에게

변덕이 죽 끓듯 하는 상사에게
나는 밥이다

과부하가 걸린 세상에게

무한리필
나는 밥이다

말

말을 많이 한 날은 말이 아프다

기진해서 돌아온 저녁
나는 알고 있다

말은 고스란히
나를 따라와서

내 뒤통수를 친다는 걸
못이 박힌다는 걸

말이 말을 한다
백 년째 그럴 것이다

도하

비행기를 놓치고
(이러다 언젠가 나도 놓치고)

졸지에 미아가 되어
상상으로 건너는데 도하 건너는데
도하도하 도하가 오류로 뜬다

도하가 도화(桃花)로 꽃필 리 없고
나의 계획은 쉰 적 없지만

자유가 자유를 속박하고
여행사에서 전화가 오고

이녁의 불안은
저쪽까지 당도하지 않을 것이고

애당초 삶이란 게 수상한 거지만

삶아,
어디로 가려는 거니!

너는 상상을 초월하는구나
초능력자구나

나는 소망한다

가식과 가면을 벗어버릴 수 있는 맨 사람이기를

세상에서 버림받고 찢긴 영혼의 골방이기를

용서를 위해 핏빛 눈발로 기도하는 가시밭길이기를

잃어버린 야성(野性)을 찾으려 안간힘 쓰는 바보이기를

거리낌 없는 아웃사이더가 되기를

불의와 세속에 저항하는 불순응주의자 불가촉민이기를

여기가 마지막 나의 종착지이기를

자유 자유 자유여

해방 해방 해방이여

평화 평화 평화여

최소한 부끄러움을 아는 인간이기를

자연의 뜻

이젠 안경 없으면
책도 못 보고 문자도 못하는 나이가 되었다
눈뜬장님이 되었다

요즘엔 노안도 수술해서 광명 찾는다는데
그러나 많이 본다고
꼭 좋다고만 할 수 없는 일

조금씩 보면서 살라는
조금씩 가리면서 살라는

시력보다 심력으로 살라는
자연의 뜻인가 보다

제3부

나문재

갯벌에 발갛게 널려 있는 게
함초인 줄 알았는데 나문재란다
함초 줄기는 통통하고
나문재는 키가 크단다

이름을 기억하려고
나문재 나문재 소리 내어 보다가

나 문제 많은 인간이야
나 문제 많은 인간이야 하다가
문제 많은 인간에 대해 생각하게 되었는데

문제가 많은 것보다
문제의식이 약한 것이
요즘 내 문제 중의 문제란 걸 알았다

반성문

걸음마를 배우듯 골똘히 간다

36번 국도를 아슬아슬 꺾고 돌아
불영사 해국(海菊)에게 가서
미안해를 쓴다

죽변항 방파제에 앉아
시퍼런 파도에게
무조건 미안해를 쓴다

산포리 그날 그 바닷가에서
이젠 아니라고 시침 뚝, 떼는
너에게 쓴다

그리운 죄를 쓴다

그림자

무슨 거래를 할까
세련되게 허물을 벗길까

한 치의 오차도 없이 오고 마는 아침마다 눈을 뜰까
눈을 떴는데 세상은 침침할까

유해하지도 무해하지도 않은
생각은 오직 생각일 뿐

감동도 상상도 안 되는
당면한 문제일 뿐 생존일 뿐

스쳐 지나가는 환상통 같은
진보도 보수도 아닌 일

기록도 안 되고 검증도 안 되는 심증
하여 혼자만의 고독이거나 투쟁이거나

지천명

당신은 물은 적 없지만

구로와 영등포와 한강을 지나
횡단보도를 건너고
꽃집과 안경점, 롯데리아와 김밥천국을 지나왔습니다

느끼기 위해
눈을 뜨고 가슴을 열고
밑줄을 긋고
왔던 길을 되짚어 오는 길

보이는 것, 들리는 것
하, 많은 세상에서
내가 터득해야 할 공부 중의 공부

위만 쳐다보지 말고
아래도 보면서 살아라

그 옛날 엄마가 타이르시던 말씀

아직도 멀었나 봅니다

끈

끈 하나가 못에 매달려 있다
늘어진 끈을 보니
내가 붙잡고 산 끈 생각이 난다

사람이 싫어서 가기 싫었던 그곳
아예 발길을 끊고 싶었던 그곳

끊을 수 없는 것이 끈이라는 생각이 든다
끊을 수 있는 것도 끈이라는 생각이 든다

잡아당길수록 팽팽해지는 끈!

끈을 잡고 살다 보면
묶을 줄도 알고
풀 줄도 알겠다는 생각이 든다

추석

한숨 달게 자고 일어나
나물에 밥 비벼 먹고 난 저녁
둥근 달이 하얗게 밝다

혼자 계신 친정엄마는 지금쯤
아무도 없는 빈집에서
뭘 하고 계시려나

달그림자가 길다

저녁 6시

도서관 입구에 한 사내가 담배를 피며 서 있었다

휴게실 소파에 종이처럼 구겨져서 조는지,
제 가슴에 얼굴을 묻고 있다가
자료실에서 철을 한 신문들을 꺼내 읽던 사내

어쩌면 그는,
퇴근 시간에 맞춰서 도서관을 나왔을지 몰라
짧은 해거름을 바라보며
푹 꺼진 포댓자루 같은 가방을 메고
허름한 술집 어두운 조명 아래서
피에로가 될지도 몰라

종일, 정보지를 훑으며 눈금을 긋다가
제 속으로 기어들듯 움츠린, 거북 등이 된 그는
고향 사람이거나 동창일지도 몰라

불빛 찬란한 빌딩 숲을 지나

변두리 동네 슈퍼에서 아이에게 줄 주전부리를 사들고
집으로 돌아가, 지옥과 지상을 오락가락할지도

죽변항

완행으로 가고 싶다
옛날 애인의 주소가 있는 곳
첫날의 약속도 마지막 키스도
날카로운 기억도 추억이 되어버린 그곳
이젠 아프지 않아서 아픈 사랑
슬로우 슬로우 완행으로 가고 싶다
가다 보면 반쯤 날아서 가고 싶은 곳
유리알처럼 파도가 부서지는 죽변항에 앉아
한 잔의 술을 마시고 싶다
이내 못다 한 그 말
파도에 적어 부치고 싶다
완행으로 오래 오래 가고 싶은 곳
바닷바람에 흔들리는 해송 한 그루
속살처럼 고운 모래밭에 하룻밤 정박하고 싶다
만나도 만나지 않아도 아름다운
옛날 애인이 되고 싶다

쓸쓸함에 대하여

옛날 사람들이
시골 상갓집에 모였습니다

또 오랜만이라 망자 앞에서
우린 웃고 악수를 하고 안부를 물었습니다

젊은 시절에 암을 앓았던 그는
지금도 청년 같은 그는
한쪽 귀가 안 들린다며 보청기를 끼었다지요

저기여 저기여 불러도 대답이 없어
부른 사람도 불린 사람도 쓸쓸히 웃었습니다

그 쓸쓸함이 어찌나 따듯하던지

산다는 건 그때나 지금이나
어딘지 아프고 그렇습니다

백수의 일기

언제 읽다가 만 책인지
읽다 만 자리에 연필이 끼워져 있다

책상 삼아 펴놓은 교자상에서
작년을 보내고 올해가 된 것이다

나일 강가의 레쟈흐에서 우리의 아프리카 탐험 기행은 끝났
다
라고 책에는 쓰여 있다
나는 그 언저리를 떠나지 못한다

끝났다와 못한다 사이에는
어떤 상관관계가 있어 보인다

작년과 올해는 사람이 정한 일
자연에는 경계가 불분명하고
소멸과 생성의 무한반복 중

이불 밖으로 나온 손이 시리다
이불을 뒤집어쓰고서
할까 말까를 생각한다

슬픈 노래

벼를 베고 난 허허한 논바닥 한복판에
어떻게 올라갔는지는 기억이 없고
짚단을 쌓아올린 꼭대기에 올라앉아서는
슬픈 노래를 불렀드랬다

슬픈 노래를 좋아하면
인생이 슬퍼진다는 소리를 어디선가 듣긴 들었는데
마음 한편 걱정이 되면서도
슬픈 노래만 골라서 불렀드랬다

듣는 이 없는 노래를
호젓한 곳을 찾아서 부른 이유는
지금도 알 수는 없지만

그 짓을 여태도 가끔 하는 걸 보면
슬픈 노래가 나 같은 족속에게는
조상이고 어떤 위안이지 싶다

견인

승용차가 견인되어 가고 있다
차의 앞부분이 뒤를 향해 있다

앞으로만 달리던 그가
신기한 듯 놀란 듯 후진하고 있다

귀처럼 달린 거울
꾹 다문 입처럼 닫힌 문
보이는 것보다 가까이에 있는
사물들을 보고 있다

끌려가는 처지가 편안하다는 듯
스르르 서행하고 있다

흔들흔들 흔들거리며
그가 웃고 있는 것 같다

안녕하십니까

뒤적거리는 잡지에는
겨울 채비가 있다

몸에 좋은 식단과 비결이 있다
유명인들의 동향과
이 세상 사람이 아닌 사람이 있다

성(聖)과 속(俗)의 어울림이 있고
반전이 있다 여운이 있다

영혼이 있고
이벤트가 있고
구성과 조명이 있다
단골 풍경이 있다

기타 등등이 있고
나와의 거리가 있고

잡지에는
사각지대가 없다

부활

갈까 말까 망설이다가 간
부활절 새벽 기도

집에 돌아오는 길에 들른 국밥집

나이 지긋한 노동자들이
고개를 숙이고
바쁘게 밥을 뜨고 있다

저들에겐 이 순간이
밥에 대한 경배이리라
삶을 향한 예배이리라

매일 매일의 부활이리라

제4부

꽃과 인공지능

꽃 앞에서 꽃값을 묻고 돌아섭니다

서정이 죽고 생명이 죽고
실용주의자가 힘쓰는 세계입니다

너 따위 꽃보다는 인공지능
당신이 없으면 또 다른 당신
첨단과 사랑해야 할 때

세상을 속속들이 가공해야 합니다

무릎 꿇는 사랑이
착한 애인이라고 말하지 마세요

극과 극은 달립니다

우린 서로 어떤 인간인지 쓰윽 알아봅니다

시인

시인은 쓸데없이 한가해야지
딴 길로 갈 줄 알아야지
밑지는 소리도 할 줄 알아야지

시인은 함부로 긍정해서도 부정해서도 안 되지
다 까면 안 되지
보이는 게 다가 아닌 것을 파야지

시인은 대취할 줄 알아야지
그러나 취기로 시를 쓰면 안 되지

그 짓을 하다가도
시상이 번개처럼 떠올라야지

뒤끝이 있어야지
여운을 버리면 안 되지

의심을 잃으면 안 되지

질문을 숙명처럼 안고 가야지

시인은 광장과 골방에 있어야지
저항의 디엔에이가 항시 있어야지
신(神)과 맞짱을 뜰 줄도 알아야지

시인이 되려고 하기보다
사람이 되려고 애써야지
모든 사물과 생명을 잘 모셔야지

사는 게 시가 되어야지
시와 한 몸이 되어야지
시가 내 것이 아닌 줄을 알아야지

시 앞에 서면 부끄럽듯이
부끄럼을 아는 인간이 되어야지

사람들은 모르지

잘못은 그쪽이 했는데 적반하장이더군 아는 사람은 알 텐데 모른 척이더군

사람들은 모르지 뉴스에 나오는 범죄자보다 법망에도 안 걸리는 착한 가면 안 그럴 것 같은 아는 얼굴 말야

긍정적으로 생각해 그도 인간이야 요즘 세상에 그만하면 뭘 그렇게 힘들게 사니 인연은 소중한 거야 좋을 때도 있잖아 살다 보면 아쉬울 때가 있다 때가 되면 바뀔 거야 과정일 거야 불편은 신상에 해롭다더군

거짓 사과는 사과가 아니잖아 사기지 무섭지 않니 후폭풍? 응, 응? 억울해 모욕을 당한 게 한두 번이 아니거든 녹음이라도 해야 하나

피해자가 또 피해 보는 세상이야 가만히 있어 가만히! 사람들은 내부고발자를 원치 않는다더군 영화에서나 박수 받을 일 사이다발언은 광장에서나 환영받을 일 열심히 살지 말라더군

나쁜 기억은 버려 그게 현실이야 그러다 다친다 신을 믿니? 이상해 내가 몰라 모르겠더군 사람들은 사람들은 모르지 시 같은 건 안 보지

생활의 전당

주위의 시선에 아랑곳하지 않는
상황에 부합하는

언어의 달인

감정 몰입 끝내주는
그래서 관객을 감동시키고 동원시키는
건물주 같은 고품격 배우

얼굴이 천 개쯤 되는 교태의 고수
명품 배우도 있다

지배적인 나의 최전방
전망이 애매한 극장 같은 그곳에 가면

세상에서 버림받고 상처받은
의심 많고 순하고 병들고 의기소침한
얼굴들이 전체적으로 있다

몰랐던 진실이 있고
어머니의 어머니 믿음의 조상이 있다

바닷가에서

횟집 입구에서
한 남자가 긴 장화를 신고 물청소를 하고 있었네
분수처럼 쏟아지는 물세례를 맞고 있었네
햇살이 등에서 부서졌네
세상을 등진 것 같았네

반복하고 있는 그의 동작들은
세상이라는 바다에서
유영하는 물고기 같았네
살려고 발버둥 치는 사람 같았네

수족관 속 오징어

앞으로 뒤로 헤엄을 친다

저공비행하듯
잠시도 가만있질 않는다

로켓을 발사하듯
오르락과 내리락을 반복한다

본능은 신의 조화이리라

수족관이
저들 생의 바다이리라
아름나운 수행이리라

전망

계통이 없으니
줄을 설 일도 댈 일도 없고
부탁을 들어줄 일도
남의 뒤를 봐줄 일도 없다

비빌 일도 잃을 것도 없는 나는
들이댈 수도 있는 일
끊고 자시고 할 게 없다
뒤탈이 없다

가족이 있고
내세울 게 없으니 교만할 수도 없고
나 같은 부류를 생각하는 것
그것도 괜찮은 일

계통 없이 사는 나는
책임과 권리와 의무를 행사하고

세상이 더러워서
도서관에 처박혀 지내기도 하고

이만한 자유가 없다
가벼움이 없다

계통 없는 사람들끼리
지금 이대로를 고수하며
미래를 사수할 전망이다

유서

턱을 괴고 시를 읽어 내려가던 탁자

몇 번인가 부딪혔을 벽 저 벽들 벽과 벽 사이

멍하니 바라보던 하얀 천장 초조한 그 시간들

물이 흐르는 소리
흐르는 것에 씻겨간 것들

외로운 어깨들이 마주치며
누군가의 비밀이 능선처럼 이어질 때

나는 나의 집으로
너는 너의 집으로 돌아갈래

괜찮아 이젠
우리들 낡은 영혼의 집들
아니 혼돈

울음이 되어도

괜찮아 괜찮아
여기 이렇게 살다 가는 우리들
바람의 자식들

명랑한 정부

(세상의 거울, 변하지 않는 진리 같은 거)

맞은편에 보이는 창문들은
멀지 않은데도 성냥갑만 하다 내 손바닥만 하다
회색 건물이 주는 차가움은 위압적이다
마치 무례하게 구는 나의 적(敵) 같다

적은 잘못을 잘못인 줄 모르고
잘못인 줄 알면서도 사과하지 않는다

근처 학교 운동장에서 아이들 소리가 들려온다
가갸거겨 배움은 순진하다 명랑하다 무량하다

내 조국은 저들을 사랑한다
사랑한다고 지켜줄 수 있는 건 아니지
지속가능한 유산
누구에게 승인을 받아야 한담

한 번도 입장을 바꿔본 적 없는 패권 나라
그들에게 평화는 필요인가 낭만인가 무기인가

해가 오후 쪽으로 기울고 있다
하늘은 오늘이 아무렇지 않다

내 조국의, 폭포처럼, 왁자한, 아이들아
싸우라 싸우라 명랑한 우주여, 나의 정부여
아무렇지 않고 마알간 하늘처럼 표정을 가지고

몸

허리 병을 되게 앓고 난 후
허리를 모시며 산다

몸이 생활의 중심이 된 지 오래
틈만 나면 허리를 모시느라
이젠 몸의 하수인이 된 셈

몸을 피할 순 없는 일
배반할 수도 없는 일

찬찬히 생의 거죽을 벗겨본다

무성한 뒤척임들
실은 신음이랄 수밖에 없는

그러나 또 어쩌겠는가
살아있다는 이 생생한 증거를

문

호텔방 문을 열고 들어왔는데
잠그는 장치가 없다

어라 이건 뭐지?

알고 보니 자동으로 잠기는 문

내가 나가지 않으면
바깥은 없는 거구나

당신들과 나 사이
절벽이구나

시인 노릇

시 공부 다니는 학교 선생님한테
남들 다 내는 시집 내려고
발문 좀 써주세요 했더니

시가 재치는 있는데
호흡이 짧다고 깊이가 없다고
자꾸 시를 들여다보라고 한다 자꾸!

선생님한테는 훤히 뵈는 시가
한 치 앞이 보이지 않는데

촌철살인 짧은 시
내공으로 다져진 진술
현상을 왜곡하지 않는 묘사
알쏭달쏭 애매모호 함축
어쨌든 뭐가 있긴 있는
괴발개발 요즘 젊은 시

보이는데, 들리는데, 느끼는데
곳곳이 신데

어찌 할꼬
신경질 나는 시인 노릇

김알렉산드라를 아시나요

아시나요
하바롭스크 아무르 강변의 전설 고려 여인 김알렉산드라를 소수민족 노동자들 속으로 들어가 일생을 민중을 위해 살았다는 프롤레타리아 혁명가

함경도 경원 출신 김두서의 딸 연해주 우수리스크에서 태어나 블라디보스토크에서 학교를 다니고 식민지 조선 민중의 아픔을 얘기하며 밤잠을 설쳤다는 한인 사회당 창당의 주역 김알렉산드라

프롤레타리아에게 자유와 독립을, 자본가들과 지주들에게는 죽음의 꽃을, 조선의 젊은이들이여! 그 꽃을 손에 들고 조선의 자유와 독립을 그것은 그대들의 자랑이라고 외쳤던

하바롭스크 죽음의 골짜기에서 러시아 백위군에 의해 총살당한 나이 서른넷, 그녀의 시신이 아무르강에 던져진 1918년 9월 18일 이후 누구도 그 강가에서 낚시를 하지 않았다는 슬픈 전설을

아시나요

얼어붙은 두만강을 건너서 우수리강 유역에 정착하고 1937년 스탈린에 의해 시베리아 횡단열차에 짐짝처럼 실려서 중앙아시아로 수천 킬로미터 강제 이주 당한 뒤 황무지 허허벌판을 황금물결로 만들었다는 18만 고려인을

연해주 시베리아에서는 이방인, 한국에서는 외국인 탄압과 차별을 받는 우리 동포 아직도 계속되고 있는 분단과 전쟁의 한 많은 역사 이 땅의 수많은 김알렉산드라 스탄게비치를 아시나요

상처

상처란 말엔 상처가 있다

아물지 않은 채 가시가 된 상처
추억으로 전환된 상처도 있다

상처가 상처를 몰라봐서
또 다른 상처가 된 상처들도 있다
암적인 존재가 되는 상처도 있다

그러나 상처엔
상처만 있는 것이 아니어서
상처가 지나간 자리처럼
옹이 없는 인생은 없는 것이어서
다 사느라 애쓰는 증표라서
나는 상처에 약하다

상처를 먹고 산다

해설

영혼의 골방에서 쓰는 낭만주의자의 편지

우대식 시인

박미현의 시세계의 핵심은 낭만적 진격성에 있다. 오늘날 낭만성이란 문학이 갖추어야 할 덕목과는 거리가 먼 것으로 취급되는 것을 종종 목도하게 된다. 낭만성에 서린 감정의 과잉을 염려하는 목소리라는 것도 알겠지만 낭만성이 천덕꾸러기 취급을 받을 때면 이것은 아니다라는 생각을 여러 번 하던 차에 박미현의 시를 읽게 되었다. 현실이 불우하면 할수록 그것을 뛰어넘을 힘은 낭만성에서 나온다. 오늘날의 현실은 각자의 처한 바에 따라 다르겠지만 분명한 것은 자본의 끝물이 보여주는 기현상을 피부로 느끼기에 부족함이 없을 터이다. 표면상 현실이라는 것이 어떤 인과에 의해 명백하게 조직된 것으로 보이지만 힘 있는 자들의 편의가 바탕이 되어 구조된

것임을 파악하는 것도 그리 어려운 일은 아니다. 문학적 낭만성이란 그러한 부조리에 대한 분명한 입장의 표명이며 동시에 사람의 꿈을 향한 무한의 지향이라 할 수 있다. 한계적 존재로서 꿈이란 포기할 수 없는 가치이기도 하다. 꿈을 지향하는 낭만성은 궁극적으로 현실에서의 패배로 귀결될 터이지만 의식 있는 인간들에 의한 낭만성의 탐구는 멈추지 않을 것이다. 박미현의 시는 구김 없는 낭만성을 보여준다.

> 가식과 가면을 벗어버릴 수 있는 맨 사람이기를
>
> 세상에서 버림받고 찢긴 영혼의 골방이기를
>
> 용서를 위해 핏빛 눈발로 기도하는 가시밭길이기를
>
> 잃어버린 야성(野性)을 찾으려 안간힘 쓰는 바보이기를
>
> 거리낌 없는 아웃사이더가 되기를
>
> 불의와 세속에 저항하는 불순응주의자 불가촉민이기를
>
> 여기가 마지막 나의 종착지이기를

자유 자유 자유여

해방 해방 해방이여

평화 평화 평화여

최소한 부끄러움을 아는 인간이기를

—「나는 소망한다」 전문

이 시는 자신의 소망을 가감 없이 보여준다. 첫 연과 마지막 연의 소망이 "맨 사람"이며 "부끄러움을 아는 인간"이라는 점은 시적 화자가 지향하는 바의 인간형을 분명히 드러내준다. 이는 스스로에게 부과한 윤리적 자각에서 비롯된 바로 어느 순간에도 시적 화자를 깨어있게 하는 의식의 촉매 역할을 한다. 이러한 윤리적 자각은 시인으로서 자의식의 원천이며 사람과의 관계에서도 기본 요소로 작용한다. 박미현의 거침없는 시적 발화의 바탕에는 이처럼 스스로 단련해온 자의식이 자리 잡고 있는 것이다. "세상에서 버림받고 찢긴 영혼의 골방"에 대한 소망은 일상적 자아로서의 소망이라기보다는 다분히 시인으로서의 정체성과 관련이 깊다. "영혼의 골방"은 시와 시가 아닌 것의 세계에서 시의 공간에 해당하는 비유물이다. 광대무변이나 자유자재와 정반대의 의미를 띠는 "골방"의 의미는 시를 벼리기 위한 공간의 의미를 띤다는 점에서 박미현은 시에 들린 형국을 하고 있다. "골방"은 발산의 현장이 아니라 수렴의 공간으로 세계의 모든 회로의 집적을 위해 스스로 유폐한 공간이라 할 수 있다. 그 유폐를 통하여 비가시적 세계에 대한 상상력을 활성화시키고 자신이 지향하는 신념 혹은 태도를 강화시켜 나가는 것이다. 그러한 점에서 "골방"은 기도하는 수도자의 공간과 겹치는 이미지를 생산하게 된다. "잃어버린 야성(野性)을 찾으려 안간힘 쓰는 바보"에 대한 지향은 박미현의 낭만성을 그대로 보여준다. "바보"는 이 시대의 보편적 지향과 어긋나 있다는 것을 의미하는 것이다. "바보"의 최종 도착점은 "불순응주의자"일 것이다. 그것은 시적 화자가 이 세계를 부조리한 것으로 보고 있음을 의미한다. 이 불순응은 자유와 해방 그리고 평화의 진정한 가치를 담보하기 위한 싸움의 자세를 뜻하는 것이기도 하다. 이러한 낭만성은 보편적 세계에 대해 대결의 형상을 띠는 동시에 자기성찰의 동기를 제공하는 것이다. 시인으로서의 자의식에 대한 인식은 아래 시에 잘 나타나 있다.

시인은 쓸데없이 한가해야지
딴 길로 갈 줄 알아야지
밑지는 소리도 할 줄 알아야지

시인은 함부로 긍정해서도 부정해서도 안 되지
다 까면 안 되지
보이는 게 다가 아닌 것을 파야지

시인은 대취할 줄 알아야지
그러나 취기로 시를 쓰면 안 되지

그 짓을 하다가도
시상이 번개처럼 떠올라야지

뒤끝이 있어야지
여운을 버리면 안 되지

의심을 잃으면 안 되지
질문을 숙명처럼 안고 가야지

시인은 광장과 골방에 있어야지
저항의 디엔에이가 항시 있어야지
신(神)과 맞짱을 뜰 줄도 알아야지

시인이 되려고 하기보다
사람이 되려고 애써야지

모든 사물과 생명을 잘 모셔야지

사는 게 시가 되어야지
시와 한 몸이 되어야지
시가 내 것이 아닌 줄을 알아야지

시 앞에 서면 부끄럽듯이
부끄럼을 아는 인간이 되어야지

—「시인」 전문

시인이란 어떤 존재인가 하는 물음에 대한 답이 이 시에 고스란히 담겨 있다. "광장"과 "골방"이라는 공간은 사유의 은유물이다. 범박하거나 편협한 사유는 세계를 일반화시키거나 왜곡시키기 십상이다. 융숭하고도 깊은 사유야말로 시인이 존재해야 하는 가장 큰 이유가 될 터이다. 또한 "저항"과 "맞짱"은 「나는 소망한다」에서의 "불순응주의자"와 맥락을 같이한다. 그것은 앞에 잠깐 언급했듯이 현실적 패배가 눈앞에 있을지라도 주어진 현실에 순응하지 않으려는 낭만적 태도를 보여주는 것이다. 여기서 "저항"은 단순히 현실적 저항만을 의미하는 것이 아니라 존재론적 저항의 의미를 함께 내포하고 있다. 규정지어진 존재로 살아가는 것이 아니라 사르트르가 말한 신이라고 불리는 '자기원인자(自己原因者)'의 기원에 대한 회의까지도 포함하는 저항을 의미하고 있다. "모든 사물과 생명을 잘 모셔야지"라는 시구는 부조리한 현실 혹은 관념에 대한 회의와는 달리 존재 개체들에 대한 관심과 애정을 요구한다. 동학에서 발원한 '모심'의 사상은 장일순 선생에 의해 다시 촉발되어 시민운동과 민중예술에 지대한 영향을 준 바 있다. '모심'의 사상에서 모든 존재와 사물과의 관계설정이 평등이라는 점은 시인이 어떻게 세계를 바라보고 통찰해야 하는지에 대한 과제를 던져주는 것이다. "시가 내 것이 아닌 줄을 알아야" 한다는 일갈은 오늘날 상업화되어가는 문학 사회의 한 단면에 대한 비판을 겸하고 있는 것이기도 하다. 시인으로서의 자의식을 지속적으로 묻고 있다는 것은 시에 대한 갈망이며 동시에 자아와 세계에 대한 끊임없는 탐구를 뜻하는 것이기도 하다. 존재에 대한 탐구와 '모심'이라는 사상은 시인이 추구하는 낭만성의 두 축으로 작동하고 있다.

> 중심에서 멀어진
> 난청 난시의 얼굴들 거기 있었지
>
> 나는 최대한 슬퍼하는 자
> 불화하는 이방인
>
> 한 잎 두 잎 떨어져 쌓이는 저 잎무덤

고색이 창연하더군

이 세상 다녀가는 자의 마지막 임종처럼
뼈도 염치도 싸움도 결의도 없더군
한세상, 어차피더군

—「낙엽」 전문

위 시는 낙엽의 형상화를 통하여 실존적 존재의 한계를 보여주고 있다. "난청 난시의 얼굴들"로 형상화된 낙엽은 현상으로서의 실물 풍경인 동시에 시적 화자의 심리적 등가물이기도 하다. 시적 화자는 애도하는 자로 나타난다. "나는 최대한 슬퍼하는 자/불화하는 이방인"으로서 시적 화자의 태도는 다분히 허무주의자의 냄새를 풍기고 있으면서도 순종적 태도와는 거리가 멀다. 비극적 종말이 올 것이라는 사실을 알면서도 끝없이 "불화"할 수밖에 없는 태도야말로 낭만주의의 한 결정판이라 할 수 있다. "이방인"으로 살아가겠다는 결의는 "불순응주의자" 또는 "맞짱" 뜨는 자로서의 그것과 정확히 일치하는 측면이 있다. 고색창연한 낙엽의 종말을 쓸쓸한 눈으로 지켜보면서도 그 애도가 허무에 그치는 것이 아니라 "불화하는 이방인"으로서 이 세계를 통과하겠다는 불가능의 꿈을 꾼다는 사실 또한 낭만주의의 한 전형을 보여준다 할 것이다. 앞에 말했듯이 이러한 낭만주의적 태도 이면에는 사인여

천(事人如天)의 큰 사상에서 비롯된 '모심'이라는 세계관이 자리 잡고 있다. 무엇을 모신다는 것은 자신의 것을 비운다는 것을 의미하는 것이기도 하다. 자본주의가 우리에게 준 물질적 풍요는 나날이 비만의 형국을 보여주지만 그것이 인간의 행복을 담보하지 못한다는 것은 오늘날 우리가 직접 목격하는 바이다. 따라서 '모심'이라는 개념은 사람 사는 현장에서 이 시대에 어울릴 법한 윤리적 주제와는 거리가 멀다. 그러나 패배의 운명을 감수하는 낭만주의자로서 새로운 꿈으로서의 '모심'은 보편을 넘어서는 새로운 시각을 제공해준다.

수능을 앞둔 자식에게

되는 일이 없다며
무턱대고 짜증내는 남편에게

변덕이 죽 끓듯 하는 상사에게
나는 밥이다

과부하가 걸린 세상에게

무한리필
나는 밥이다

—「밥」 전문

"자식"과 "남편" 그리고 "상사"는 "세상"의 한 부분들이다. 거리가 가깝고 먼 것은 있을 수 있으나 모두 이 세계를 이루고 살아가는 구성원들이다. 그들에게 "나는 밥이다"라는 선언은 언뜻 자기 비하의 발언으로 비추질 수 있겠으나 자세히 읽어보면 삶의 한 철학으로 자리 잡고 있음을 느낄 수 있다. 사실 사회주의 몰락 이후 양분되었던 세계의 한 축은 무너지고 자본주의에 대적할 만한 대안으로서의 이념은 찾아보기 어렵다. 자연이나 환경 등에 주안점을 둔 소위 '녹색'의 혁명이 가장 눈에 띄는 대안으로 실천되고 있는 정도이다. "무한리필/나는 밥이다"는 선언은 범상한 듯 보이지만 일상 혁명의 한 테제가 될 수도 있겠다는 생각을 한다. '모심'이 관계 속에서의 철학을 내포하고 있다면 "나는 밥이다"는 선언은 좀 더 내밀한 자기 혁명의 의미를 띠고 있다고 할 수 있다. '모심'의 현대적 변용으로서 "무한리필/나는 밥이다"를 읽어도 좋겠다는 생각을 한다. 「에게」라는 시에서 "베네치아 할아버지에게, 피렌체로 가는 기차에서 짐을 번쩍 들어서 선반에 올려주던 한국 청년에게, 리알토에서 헤매고 다니던 미로 같던 골목들에게, 런던의 비에게 그래서 따뜻한 햇빛에게, 아름다운 바다와 건축들에게, 이방인들과 그곳 사람들에게,"라고 자신이 만난 사소한 것부터 위대한 모든(?) 것들을 나열하는 장면이 나온다. 모든 시행이 "에게"로 끝나 무엇을 어떻게라는 부분을 독자의 생각에 맡기고 있다. 「밥」이라는 시를 통해 생각해보건대 무수한 그들 "에게" 나는 "무한리필/나는 밥이다"고 시인은 말하고 있는 것이다. 이러한 세계관은 앞의 시편에서 보듯 치열한 인식의 갱신에서 비롯된 바가 크다. 시인은 깨어있는 자라는 표현은 여기에 합당할 것이다. 이 깨어있음은 세계를 보다 자유분방한 열린 세계로 인식하도록 만든다.

가랑이를 쫙 벌리고 앉은 소녀는 아름답다

벌리고 앉아 보란 듯이 책장을 넘기는 동작은 아름답다

반은 여자
반은 아이

벌린 가랑이 속으로 바람도 향기도 시간도 당신도 흘러갈 텐데

벌린다는 건 배우지 않은 당당함
길들지 않은
그 어떤 빌미도 아닌
거부할 수 있는

그대로의 자연

그대로의 신비

그대로의 순수

그대로의 사람

벌린다는 건 그 어떤 용의

시대착오를 지나

열린 세계라는 것

정신이라는 것

—「소녀」 전문

"가랑이를 쫙 벌리고 앉은 소녀는 아름답다//벌리고 앉아 보란 듯이 책장을 넘기는 동작은 아름답다"는 시적 전제는 6연에 제시되어 있다. "그대로의 자연/그대로의 신비/그대로의 순수/그대로의 사람"이기 때문이다. 세상의 타락은 사람을 사람으로 보는 것이 아니라 욕망의 대상으로 변형시킨다는 데 있다. "반은 여자/반은 아이"라는 시적 정황은 여성성 바로 이전 단계로서의 순수와 신비를 담고 있다. 궁극적으로 시적 화자가 발화하고 싶은 것은 학습되지 않은 자연적 개체로서의 당당함이다. 사회적 학습이란 한 측면에서 보자면 사회적 안전망의 구실을 할 터이지만 자유로운 행동 혹은 사고의 억압과 정비례의 관계에 놓여 있기도 하다. 시적 화자는 단지 소녀의 이야기만을 하는 것은 아니다. 사회의 보편적 인식에 대해 반기를 드는 것이다. "벌린다는 건" "열린 세계"라는 시구는 우리가 일상을 살아가면서 의식적으로 끊임없이 억압적 규제에 시달리고 있다는 것을 암시한다. 닫힌다는 것은 그 누구에 의한 대타적 문제가 아니라 우리 스스로 열린 세계로의 지향을 포기했음을 뜻하는 것이기도 하다. 이러한 시적 발언은 사회적 억압에 대한 불순응주의자로서 밥이 되고 싶은 낭만주의자의 꿈이라 할 수 있다.

낭만주의적 태도로서 박미현의 시세계를 살펴보았다. 가면을 벗고 영혼의 골방에서 인간의 야성을 찾으려는 지난한 몸짓은 시원의 원시적 생명력을 되찾으려는 싸움을 연상시킨다. 그 방법론이 박미현에게는 시 쓰기라고 할 수 있다. 시인으로서의 자의식을 한껏 고양시키고 불가능한 세계에서 패배의 운명을 감수한 채, 시라는 방패와 칼을 들고 부조리한 세계 혹은 닫힌 세계와 대결을 마다하지 않는 장면은 낭만주의자의 본모습이기도 하다. 이러한 태도는 현실성이 떨어져서 빚어지는 일이 아니라 오히려 현실을 정확히 파악했기 때문에 벌어지는 일이라 할 것이다. "나는 밥이다"는 선언적 명제 또한 시적 자의식이 벼려낸 빛나는 발견이라 할 것이다. 여러 이야기를 했으나 봄날 저녁 아래 시를 읽는 것만 못할 것이다. 당신에 대해 묵상하는 것으로 글을 마친다.

오늘은 당신과만 있어요

나와 상관이 없이
우리들 속에 당신이 있을 거예요

당신은 분홍처럼 빛나고
나는 속절없이 무참하기도 하지만

습관은 안전하지요
어두워지는 저녁처럼 안도가 돼요

하루의 종말
저녁은 묵상 같은 거

완전한 기분에 젖는
당신, 그때

—「저녁」 전문

이 도서의 국립중앙도서관 출판시도서목록(CIP)은 서지정보유통지원시스템 홈페이지(http://seoji.nl.go.kr)와 국가자료공동목록시스템(http://www.nl.go.kr/kolisnet)에서 이용하실 수 있습니다.(CIP제어번호: CIP2020021658)

문학의전당 시인선 0322

그리하여 결핍이라 할까

초판 1쇄 인쇄 2020년 6월 1일
초판 1쇄 발행 2020년 6월 8일
지은이 박미현
펴낸이 고영
책임편집 이리영
디자인 헤이존
펴낸곳 문학의전당
출판등록 제448-251002012000043호
주소 충북 단양군 적성면 도곡파랑로 178
전화 043-421-1977
전자우편 sbpoem@naver.com

ISBN 979-11-5896-467-2 03810

* 이 시집은 2020 부천시 문화예술발전기금 지원사업의 지원을 받아 제작되었습니다.